PORTRAITS COMPARÉS

PORTRAITS COMPARÉS

DES HOMMES D'ÉTAT CONTEMPORAINS

I

Mr GLADSTONE & LORD BEACONSFIELD

PAR

J. H. DU VIVIER.

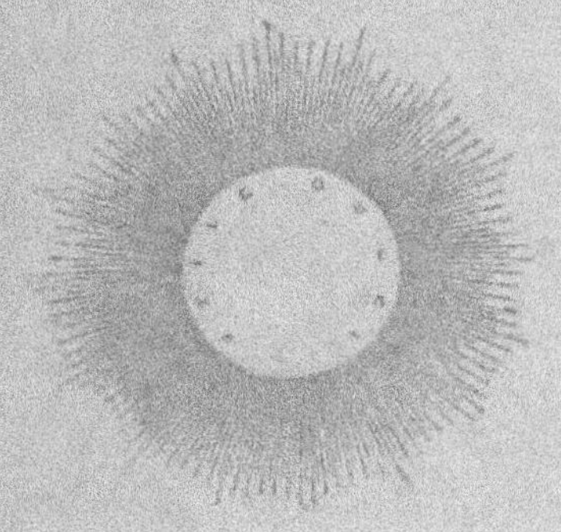

BRUXELLES
Gay et Doucé, éditeurs.

1879

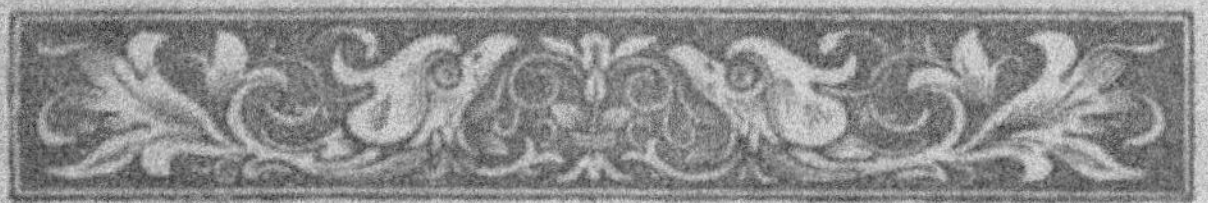

AVANT-PROPOS

Avec la présente livraison nous commen-çons une série d'études qui embrassera l'ensemble du haut personnel politique de l'Europe.

A l'heure où l'Occident semble être sur le point d'entrer dans une nouvelle période de son histoire, on nous saura peut-être gré d'offrir, ainsi, le tableau de ses forces et de ses risques, représentés par les individua-lités éminentes qui le conduisent, les unes avec l'assentiment de l'opinion publique, les autres avec le parti pris de la braver.

L'Angleterre étant, évidemment, à l'heure qu'il est, le centre du débat qui tient l'avenir du monde en suspens, il était logique que nous entrassions en matière par elle, et que nos premières pages fussent consacrées aux deux hommes d'État qu'on a vus, depuis tant d'années, alterner à la tête de ses affaires : Mr Disraeli, — aujourd'hui Lord Beaconsfield, — qui a placé les différentes questions dans lesquelles tout le Continent est intéressé, sur un terrain où l'on ne peut plus éviter de les résoudre, soit par la paix, soit par la guerre; et, en face de lui, Mr Gladstone, sa vivante antithèse, la négation infatigable d'à peu près tout ce qui compose les affirmations de son rival.

Les livraisons suivantes se succéderont à des intervalles rapprochés et porteront, selon l'occasion, ou sur un personnage unique, ou sur des groupes de personnages dont les noms viennent à la pensée du lecteur, sans qu'il soit besoin de les mentionner plus en détail d'avance.

Ce qu'il est plus nécessaire d'ajouter, c'est que cette publication sera inspirée, d'un bout à l'autre, par un esprit d'impartialité philosophique, indissolublement attaché, dans le fond, à la cause de tous les progrès de la Société moderne, mais scrupuleusement préoccupé, dans la forme, des obligations que dictent la modération et l'observation des convenances.

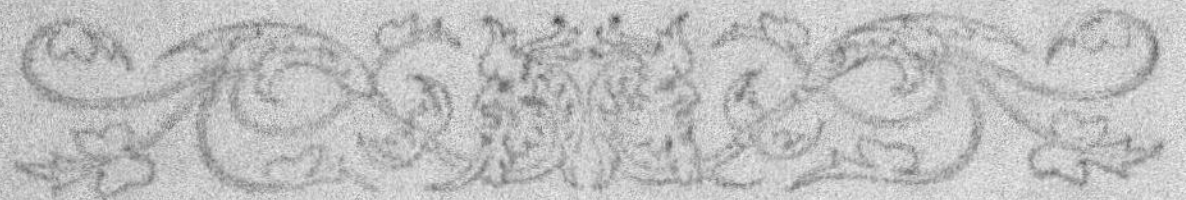

Mr GLADSTONE & LORD BEACONSFIELD.

Quand on rapproche les portraits des deux hommes éminents que je me propose de comparer entre eux, on commence par être frappé de la contradiction que leur physionomie, — aussi bien que les actes qu'ils ont accomplis, — accusent entre la tâche qui leur est respectivement échue et celle pour laquelle il semblerait qu'ils eussent été faits.

On dirait, à première vue, qu'ils ont pris la place l'un de l'autre.

Ce n'est qu'un second examen qui démontre, qu'au demeurant, ils sont bien, chacun, entrés dans le rôle qui leur convenait le mieux.

Certes, le premier aspect de Mr Gladstone, l'ampleur de son front, l'éclair perçant de son regard direct, ses traits énergiques, la résolution de sa démarche répondent à l'idée qu'on peut se faire d'un chef doué d'un élan irrésistible, mieux que l'attitude maladive de lord Beaconsfield, ses traits mous, son regard flétri et comme perdu dans l'abstraction ou dans une rêverie hantée par la désillusion et la lassitude. (1)

Mais quand on s'arrête à les contempler plus longtemps, c'est l'impression inverse qui ne tarde pas à se dégager de ce second examen. La résolution du plus vigoureux, sa force, sa santé, l'équilibre évident de tout son être qui prouve que le fourreau fait très-bon ménage avec la lame, parlent de sens commun et de sagesse, — mais d'une sagesse qui n'est si sûre d'elle-même que parce qu'elle n'aime pas à s'aventurer au loin : de cette sorte de sagesse qui court risque de verser dans l'ornière, et de faire fi d'une idée plutôt que d'un écu.

Chez le plus faible, au contraire, on devine bientôt que si le fourreau est usé par la lame, c'est à raison de la dévorante activité de celle-ci. La tête s'incline avec mélancolie, la bouche a pris l'habitude des contractions douloureuses ; mais que de patience invincible dans cette attitude ! quelle fécon-

(1) Voir les magnifiques photographies de Mr W. Gladstone par la *London Stereoscopic Company* et de Mr B. Disraeli, de MM. W. & D. Downey of Newcastle-on-Tyne & of Ebury Street, Eaton Square.

dité, quelle soudaineté d'inspirations marquées sur ces lèvres que plisse le rictus de l'ironie!

Si, des portraits, on passe à l'étude des origines, les découvertes ne sont pas moins intéressantes. Embrassée d'un seul coup d'œil, depuis son point de départ, la vie de Mr Gladstone est droite comme une avenue. Tout s'y déduit par conséquences logiques. Rien de plus honorable, mais, en même temps, de moins palpitant que cette carrière tirée au cordeau.

Dans la période de lutte de bientôt un demi-siècle qu'elle comporte, on ne trouverait peut-être pas un seul combat dont l'issue soit plus émouvante que celle d'une partie d'échecs.

Mr Gladstone était doué, à un degré prodigieux, de toutes les aptitudes intellectuelles. Il ne lui en a coûté que de satisfaire ses goûts studieux pour mériter d'être distingué à vingt-trois ans par les personnages les plus influents de l'époque, le duc de Newcastle en tête. Il lui en a coûté encore moins pour entrer au Parlement, car il était aussi avantagé des dons de la fortune que de ceux de l'esprit. Du Parlement il est arrivé au pouvoir sans plus d'effort; il en est descendu, il y est remonté nombre de fois; et jamais il n'a paru plus affecté d'une alternative que réjoui de l'autre.

La transformation elle-même de ses opinions, qui l'a fait passer du bord extrême des rétrogrades à celui des libéraux les plus avancés, s'est produite sans hâte, sans un mouvement contradictoire.

Mr Gladstone n'a eu ni malheur ni faiblesse. Il semble qu'il serait plus humain s'il eût été moins irréprochable. Des épreuves sévères, des vicissitudes terribles eussent peut-être rendu flexible son âme d'une rectitude impatientante, — comme celle d'Aristide, — mais, faute d'avoir rencontré les unes ou les autres, elle est devenue, d'années en années, plus systématique.

Et plus systématiques, aussi, sont devenus tous les ressorts qui la font mouvoir.

Ainsi, Mr Gladstone est, par-dessus tout, patriote, aussi bien que son rival ; mais il s'en faut que le patriotisme, pas plus que tout autre sentiment, soit uniforme chez tous les êtres ! Il se moule, au contraire, sur le tempérament de chacun de ceux qui l'éprouvent. Le patriotisme de Mr Gladstone est donc systématique ; il est, en outre, exclusif ; il est circonscrit au contour même des îles Britanniques : — Au delà, rien.

Cette manière de sentir l'a conduit à commettre, — pour employer un mot historique, — « pis que des crimes : des fautes. »

Fautes sans excuses envers le Danemark, envers la France, envers ces millions de pauvres Hindous que sa pitié, trop lente à éveiller, a laissés succomber à une famine dont il ne s'était avisé de combattre l'effet destructeur par aucune mesure généreuse.

Qu'importe ! les Hindous appartiennent au monde colonial, ce qui est bien différent de l'Angleterre.

Et si l'on représentait à Mr Gladstone que c'est sa majestueuse étendue coloniale qui a obtenu à l'Angleterre le premier rang dans le concert des nations, il répondrait sans hésiter : — Eh bien, qu'elle le quitte ; elle ne sera pas moins heureuse pour s'en passer.

Et, si l'on tentait de le ramener à une disposition différente par l'admiration que ne peuvent manquer d'inspirer les proportions de ce gigantesque empire, « où le soleil ne se couche jamais, » il n'hésiterait pas à déclarer que personne, — lui le premier, — n'y dormirait plus mal, parce que l'astre glorieux s'y coucherait tous les soirs.

Ces colonies, — dont, pourtant, il a été, par deux fois, ministre à un long intervalle, en 1834 et en 1852, — il ne les trouve pas valoir le risque qu'elles entraînent.

Une fois, en 1858, il s'est laissé nommer à un poste colonial : Commissaire extraordinaire de la Reine aux Îles-Ioniennes.

La commission avait, en soi, quelque chose d'extraordinaire, en effet : il s'agissait de repasser ces îles à la couronne Hellénique.

On peut être assuré que s'il acceptait jamais les fonctions de Vice-Roi à Calcutta, ce serait pour aller constater par lui-même que tous les Anglais se sont bien rembarqués.

Du reste, à cet égard, — comme à tout autre, — Mr Gladstone dit sa façon de penser à ses concitoyens avec une franchise qui serait inconcevable chez l'homme d'État le moins du monde ambitieux. Que lui importe ! Est-il moins écouté dans les rangs de l'opposition qu'à la tête d'un nouveau cabinet, et serait-ce la peine d'adoucir une expression pour éviter une tempête ?

Le vieux pilote en a tant vu !

Il a donc jeté son opinion, dans le moule d'un article qu'a publié récemment *The Nineteenth Century* et qui a provoqué une explosion de colères : « *Kin beyond Sea* » La Famille d'Outre Mer.

Il y dit en termes formels à son pays : Le temps de l'Amérique est venu. Pour vous, vous n'avez plus qu'à vous résigner et à descendre au rang de la Hollande. Ayez la sagesse de vous y préparer doucement.

Il sait bien qu'il ne trouvera personne de son avis, dans aucune classe de la société anglaise, ni en bas, ni en haut, ni au milieu, ni chez l'ouvrier, ni chez le squire, ni chez le lord, ni chez le marchand, ni chez le clergyman; personne, quand il chercherait un écho depuis la triste communauté des indigents qu'abrite le *Work House* jusqu'à la jeunesse *gommeuse*, jusqu'aux *gorgeous*, *gilded*, *glittering Swells* du Westend, personne ne ferait chorus avec lui. Il y a trop de fierté patriotique chez nos voisins pour cela !

Songe-t-on à se faire de Grande-Bretagne petite Hollande, comme on se ferait d'évêque meunier ? On s'y résoudrait tout au plus le lendemain d'un désastre !

— Point du tout ! répond Mr Gladstone : il faut
y songer d'avance, de parti pris, afin que cela s'ef-
fectue sans secousse.

Encore une fois, l'entraînement systématique l'a
amené à ne plus rien sentir comme tout le monde :
— Il pense... ou il rêve.

C'est à peu près là que l'école de Manchester a
conduit tous ses adhérents.

Certes, cette réunion d'esprits élevés est digne du
plus grand respect, quelles que soient ses aberra-
tions. Scientifique, planant au-dessus des querelles
de nation à nation, préoccupée, avant tout, de la
question sociale, qu'à son point de vue l'activité
individuelle et les efforts des travailleurs peuvent
seuls résoudre, elle n'a souci que des associations
qui moralisent et soulagent la classe laborieuse, et
de la réforme de l'impôt.

Autant de principes remplis d'élévation : malheu-
reusement, une manière d'être remplie de hauteur
en gâte l'attrait chez ceux qui les professent.

C'est là le point vulnérable.

Combien de fois Mr Disraeli en a-t-il profité pour
tourner en ridicule son adversaire et l'entourage de
ce dernier ! Il est parvenu même, — notamment en
1874, — à soulever contre eux l'aversion publique,
en relevant ce que leur attitude avait de maladroi-
tement provocateur.

Il souligna, à cette date, entre autres défis, celui
du chef du *Home-Office* qui s'était écrié : « On nous
reproche d'avoir été un gouvernement harcelant,

— *a harrassing government*, — nous nous en faisons gloire. Si nous conservons le pouvoir, ce sera pour continuer à harceler la nation. »

Des électeurs, ainsi prévenus, devaient y mettre bon ordre ; — et c'est ce qu'ils ont fait.

Mais, ce sont là les procédés de Mr Gladstone et de l'École de Manchester !

Quant au mépris qu'elle affecte à l'égard de toute question extérieure, Mr Disraeli lui fit sentir, à la même époque, le poids d'une accusation qu'il savait asséner de main de maître :

« On néglige les affaires du dehors, — s'écriat-il dans sa célèbre improvisation à Aylesbury, — on les conduit mal et il en résulte toujours pour conséquence des guerres dispendieuses, des traités ignominieux et des arbitrages simulés qui aboutissent à payer, sans mot dire, les indemnités qu'on s'est attirées par ses bévues. »

Parler ainsi, c'était donner le coup de grâce à une administration responsable du règlement de l'affaire de l'*Alabama* qui venait de coûter à l'Angleterre 77 millions en chiffres ronds.

On voit que, si Mr Gladstone a tenu bon à son rôle de partisan invariable de la politique d'économie et de ménage, à l'exclusion de toute autre, ce n'a pas été sans en porter parfois les marques.

Il a la fermeté et l'abnégation de l'apôtre.

Une doctrine qu'on a vue, depuis quarante ans, flotter sur l'Europe comme un nuage aux couleurs et aux formes changeantes, tour à tour bien venue et maudite, suivant les événements, tour à tour prisée et délaissée par tous les partis, à chacun desquels elle a servi de mot d'ordre, la Non-Intervention n'a jamais eu de champion plus inébranlable que Mr Gladstone. Un seul l'a peut-être égalé sans le surpasser dans son zèle : c'est le roi Louis-Philippe.

Or, d'ans l'un et l'autre personnage, la nature du tempérament ne devait pas avoir peu contribué à déterminer la direction qu'avait prise le jugement.

On se rappelle, qu'en dépit des extrémités cruelles auxquelles la monarchie de juillet fut réduite, à ses débuts, son chef avait une horreur insurmontable pour l'effusion du sang; et que c'est à lui qu'on attribue une exclamation navrée, dans laquelle se trouve résumée, peut-être, l'histoire de toutes les reculades de son règne :

— « Que voulez-vous ! je ne me crois pas le droit de faire tuer cent mille hommes ! »

Mr Gladstone ne se serait jamais cru, — lui, non plus, — le droit de faire couler le sang sur les champs de bataille.

Que l'on se figure par conséquent, son effarement, lorsqu'en 1874 il se trouva empêtré, sans qu'il sût bien comment cela lui était arrivé, dans la guerre contre les Achantes !

En vérité, c'était une tempête dans un verre d'eau; et Mr Disraeli en usa avec peu de générosité, alors, de se laisser choir de tout son poids sur la conscience déjà assez endolorie du pauvre homme

Cependant, on doit lui savoir gré d'avoir saisi cette occasion de faire remarquer qu'il ne sert de rien de vouloir la paix à tout prix pour conjurer les calamités de la guerre ; et que de faire fi de la politique étrangère n'avait abouti, en définitive, qu'à sacrifier les intérêts anglais à l'étranger.

Je me suis un peu attardé à ces détails, parce qu'ils m'ont paru le mieux convenir à mettre en relief l'élément principal d'antagonisme des deux figures qui se correspondent ici. Il me reste à ajouter une dernière touche à celle de Mr Gladstone pour compléter ce que je me propose d'en montrer avant de retourner à l'autre et de l'amener au même point.

M. Gladstone l'économiste et le financier incomparable, le lettré qui admire en Mr Disraeli l'écrivain dont il est admiré, l'érudit qui est l'ami et l'inspirateur du Dr. Schliemann, n'en est pas moins resté, sous tout cela, un écossais, un puritain, — un covenantaire farouche, s'il le fallait. (I)

En politique il a des adversaires ; en religion il a un ennemi : — l'Eglise romaine.

Contre cette Eglise, dans la fougue de sa jeunesse, il alla une fois jusqu'à formuler la proposition étrange d'exclure des fonctions civiles et des distinctions nationales quiconque y appartenait.

(I) Originairement le nom de la famille était *Gledstanes* et la résidence patrimoniale Toftcombe près Biggar dans le Larmakahire, en plein cœur, autrefois, du pays du Covenant.

C'était adopter, pour la combattre, des armes trop semblables à celles qu'elle a préférées de tout temps elle-même.

Dans tout le cours de sa vie, si loin qu'on crût sa pensée de la controverse religieuse, il ne cessait de grossir en secret son dossier contre la Papauté.

En 1840 il publiait les *Church Principles* qui firent grand bruit ; en 1852 *The history of the Roman States*, traduite de Farini. Quelques années plus tard, il adressa à lord Aberdeen une lettre dont le retentissement fit plus que n'aurait pu une brigade de Highlanders pour faire tomber Gaëte et la fortune des Bourbons de Naples entre les mains de Garibaldi.

Sur ce terrain il n'a jamais souffert de transaction. — Un beau matin il quitta brusquement ses amis et le pouvoir parce que Sir Robert Peel s'était avisé d'accorder une dotation à un collége catholique.

En 1874, le lendemain de sa défaite, il fit paraître dans le *Contemporary Review* son article fameux, *On Ritualism*, qui jeta un tel éclat que la disgrâce du ministre déchu s'en trouva effacée dans la gloire rajeunie du publiciste.

Il ne se contente pas de combattre le catholicisme ; il le hait.

Maintenant, abordons Mr Disraeli et laissons derrière nous la facilité un peu égale du talent, l'uniformité de la vie. On dirait que nous avons quitté la plaine pour entrer dans la montagne. Nous nous

trouvons en face d'un orateur qui s'est formé sous
l'excitation incessante d'un désir fiévreux de con-
quérir l'autorité de la tribune. Il lui a fallu se créer
de toutes pièces, et il a fini par être l'homme de son
temps qui possède le plus complétement les grandes
ressources et les artifices délicats de la parole.

Toutefois, il ne semble pas qu'il lui ait jamais
fallu d'étude pour distribuer à pleines mains le
sarcasme à ses opposants ; il a toujours prouvé
que c'était en lui un don naturel.

Il s'est fait honneur toute sa vie d'être, avant
tout, *a gentleman of the press*, et, certes, jamais
prétention n'a réfléchi plus de lustre réciproque,
sur l'homme et sur la profession.

Homme d'État par l'autorité de sa parole, il n'est
devenu aussi puissant à la tribune que grâce à la
verve chaude et saisissante du romancier, toujours
prêt, chez lui, à souffler l'orateur politique.

De même, aussi que le poëte du dedans a toujours eu des inspirations, — dont quelques-unes se
sont élevées jusqu'à la prophétie, — à glisser sous
la plume du romancier, quand celle-ci courait sur
le canevas de quelque nouvelle fiction.

C'est sous cette influence qu'ont pris forme *Con-
ningsby*, *Sybil*, *Tancred*, qui ont révélé à la vieille
société les aspirations de la génération nouvelle,
ou *The battle of Dorking* qui réveilla tout à coup
l'Angleterre de la stupeur où venait de la plonger
le désastre de la France, en lui faisant comprendre

que le pareil pouvait l'atteindre elle-même le lendemain.

Ce dédoublement répété des facultés d'un même
cerveau nous révèle, tout entier, l'homme pour
lequel composer des œuvres d'imagination n'a été
qu'une préparation à faire de l'histoire.

Cela ne s'est pas fait sans offrir le spectacle de
variations brusques, parfois choquantes, que la mal-
veillance n'a voulu attribuer qu'à des motifs d'ordre
exclusivement personnels. Les panégyristes, de leur
côté, ont expliqué ces changements par la sincérité
d'un esprit qui courait à la recherche de la vérité,
de çà, de là, en aveugle, à travers les ténèbres, sans
souci de se contredire, pourvu qu'il l'atteignît.

La justice est entre ces deux termes.

Ce Plébéien que les patriciens ont mis à leur
tête et accablé d'honneurs après l'avoir abreuvé
d'amertumes, ce radical, avec Joseph Hume et
O'Connell, cet abolitionniste, avec sir Robert Peel,
ce protectionniste, avec lord Bentinck, qui a profité
d'un passage au pouvoir pour désavouer sa
résistance économique et pour passer au service du
Libre-Échange qu'il n'a plus déserté depuis, cet
homme, sensible à l'excès aux blessures de l'amour
propre, mais reconnaissant à l'attendrissement du
moindre hommage rendu à son incontestable génie,
est irritable comme un poète, mais généreux aussi
comme un poète.

Quelles qu'aient été ses inconséquences, ses fai-
blesses, ses chutes, ses mauvaises actions même,

— et il en a à se reprocher, ne fût-ce que d'avoir à un certain moment ameuté l'opinion contre sir Robert Peel après être devenu son ennemi, — Mr Disraeli mérite d'être considéré comme un promoteur inestimable de réformes et comme l'ouvrier le plus hardi et le plus habile de ceux qui ont élevé l'édifice Victorien.

Et encore, de quels aides la malice du sort l'avait-elle forcé de se servir pour exécuter ses desseins ! des tories !

Le hasard est un artiste qui se complaît parfois à ciseler ainsi des situations dont l'originalité le séduit ; ce dernier trait qu'il ajoutait au contraste des deux *leaders* en était peut-être le plus piquant.

Mr Disraeli que son feu, son intuition prodigieuse poussaient aux actions soudaines, aux *coups de théâtre*, — comme on l'a dit à propos de son dernier et éclatant succès, — avait à prendre la charge d'un parti que la moindre nouveauté suffisait à mettre en défiance ; on eût dit d'un des héros de la République de 92 qui serait devenu l'oracle d'une autre armée de Condé. (1)

Mr Gladstone, au contraire, que sa circonspection, son calme, le cercle infranchissable de ses idées appelaient à commander un parti stationnaire, ou,

(1) Lire *Coningsby*. J'y relève, entre bien d'autres, cette jolie boutade qui se trouve dans le chap. IV : — ... « He « was the son of a noble lord who had also, in a public ca- « pacity, *plundered* and *blundered* in the good old time. »

tout au moins, lent à se mouvoir, c'est lui que les libéraux plaçaient à leur tête.

Aussi, celui-ci échauffait peu à peu son lourd entourage par la vivacité communicative de son esprit, celui-là paralysait le sien par la raideur décourageante de son allure.

Les voilà placés aux deux pôles d'une même sphère; il faut s'attendre à les voir opposés en tout.

Mr Gladstone tirera de l'impôt tout ce qu'on en peut tirer pour le bien public. Il provoquera, — lui, l'anti-papiste, — la mesure, équitable entre toutes, de l'abolition d'une église officielle, protestante, — et opulemment dotée, — dans un pays catholique, l'Irlande.

Il fera mettre un terme, — et ce ne sera pas contre une médiocre résistance, — au trafic des grades qui était l'opprobre de l'armée anglaise. Il entreprendra la guerre contre l'ivrognerie en faisant voter une loi sévère sur les heures de fermeture des *public houses*.

En un mot, il occupera, avec toute la convenance possible, le pôle vénérable de la vertu.

Mr Disraeli tiendra celui des passions sans lesquelles la vie s'éteint et l'humanité s'arrête.

Pour rendre une jeunesse nouvelle au corps vieillissant de la nation, il y fera pénétrer l'influence électorale dans une couche plus profonde par le *Household-Suffrage*.

Il enverra un prince jeune, intelligent, cordial,

l'héritier de la Couronne, ranimer aux Indes des sympathies que ses devanciers avaient laissées s'éteindre dans les lugubres murmures de la faim, et, plus tard, reconquérir en France une amitié qu'ils avaient tout fait pour décourager.

En prévision d'une lutte qui doit décider pour jamais de la suprématie sur l'Asie, il aura l'adresse de laisser la Russie s'épuiser d'hommes et d'argent, dans les convulsions du début, en conservant ses ressources intactes pour le moment des hostilités concluantes.

En résumé, Mr Gladstone fera de la politique philosophique, Mr Disraeli de la politique pratique. Le premier sera le théoricien, mais c'est l'autre qui sera l'homme d'État.

L'homme d'État! Voilà une grandeur future que pas un des contemporains de sa jeunesse n'aurait pu se flatter d'avoir prévue; ni O'Connell qui insultait le pauvre inconnu du haut de sa renommée, ni la foule qui soulignait l'outrage de son rire stupide!

Mais, seul à avoir conscience de sa destinée, Mr Disraeli ne s'en achemina pas moins avec résolution vers l'avenir. Frémissant sous l'injure dont l'agitateur superbe avait dédaigné de lui rendre raison, il lui avait crié : — « Nous nous retrouverons à Philippes. » Et la suite a prouvé que ce n'était pas une vaine menace.

Philippes, c'est ce champ de bataille parlementaire qu'il ne devait bientôt plus quitter pendant quarante années; c'est cette arène où il a vu expirer l'arrogant *Repealer*, laissant l'Irlande livrée à sa merci.

Je ne voudrais pas dire que, dans la position éminente où il est parvenu, lord Beaconsfield soit resté l'ennemi de l'Irlande ; mais il me paraît difficile qu'en tout ce qui concerne cette malheureuse contrée, il ne se ressouvienne, — plus qu'elle ne peut y gagner, — que la vengeance a bien sa douceur.

D'ailleurs, le contraste continue encore sur ce point, à faire sentir sa bizarre influence : — Mr Gladstone est le protecteur, — méconnu, ou, tout au moins, mal apprécié, — de l'Irlande ; toutes les injustices partielles dont elle a été soulagée depuis un tiers de siècle ont été effacées à son initiative : dès lors, on pourrait se demander si, entre le souvenir d'O'Connell d'un côté et la rivalité de Mr Gladstone de l'autre, lord Beaconsfield a trouvé en lui assez de grandeur d'âme pour placer la volupté du pardon au-dessus de celle de la vengeance. C'est ce que l'examen le plus secret de sa conscience pourrait seul décider et qu'il ne nous dira pas.

Eh ! pourquoi, au demeurant, n'aurait-il pas pardonné, je ne dis pas seulement à l'Irlande, mais même à la mémoire d'O'Connell ? Il a vaincu ; et comme il n'est pas un philanthrope baigné de méthode, il n'y aurait rien d'improbable à ce que la bonté pleine d'élan que respirent ses œuvres ne se soit sentie exaltée par la victoire. Nulle pitié n'est plus touchante que celle que Mr Disraeli a toujours témoignée aux faibles.

Il réserve toute l'âpreté de ses sentiments et de sa parole pour repousser toujours de plus haut et avec plus de sarcasme « l'antagonisme par livres, shellings et deniers » de son irréconciliable dépréciateur.

Et cependant, cet antagonisme, à la réciprocité duquel l'Angleterre s'est accoutumée depuis tant d'années, n'était inévitable ni d'un côté ni de l'autre. Il eut suffi, pour le conjurer du côté de Mr Disraeli, d'être juste envers lui et de ne point lui marchander une considération légitime : on prit à tâche, au contraire, de l'exaspérer.

Il était venu spontanément à sir Robert Peel ; c'était en 1841, lorsque la doctrine du Libre-Échange en était encore à la période d'épreuve et sollicitait tous les concours. Le sien fut enthousiaste, déjà brillant ; pourtant, après le triomphe, on ne parut pas croire qu'il eût mérité sa part de récompense. Mr Gladstone trouva un portefeuille aux côtés de sir Robert Peel ; il n'en fut point réservé à son émule.

C'était la guerre, — il fallait s'y attendre : — une guerre qui ne devait plus finir.

Ce fut alors que, dédaigné par un caprice méchant, Mr Disraeli alla placer le chiffre élevé de sa valeur personnelle à la tête des nombreux zéros qui composaient, dans ce temps-là, le parti de la

résistance obstinée ; et que de cet ensemble, il fît
sortir une puissance formidable.

Entre les deux rivaux il y a autre chose, on le
conçoit, qu'une lutte de principes : l'excitation personnelle est intense. Ce n'est pas de la haine, selon
toute apparence ; ces deux magnifiques intelli-
gences ont été même, parfois, jusqu'à laisser paraître une sorte d'attrait l'une pour l'autre. Ce serait
plutôt de la jalousie, une jalousie de trente ans
qui leur a souvent inspiré de véritables ruses de
sauvages.

C'en fut une de ce genre, de la part de Mr Gladstone, de laisser croire à la possibilité d'un rappro-
chement, en 1851, dans des circonstances très-
critiques, jusqu'à ce qu'on en fût venu à lui faire
des propositions compromettantes, puis de monter
à la tribune et de mettre en pièces le système financier de son rival.

C'en fut une autre de lancer la proposition d'abolition de l'église d'Irlande contre le ministère
Derby, à la fin de 1866, juste au lendemain de sa
formation.

Les exemples de cette nature ne tariraient pas si
l'on voulait aller les puiser dans ce que la génération précédente et la nôtre ont appelé un peu naï-
vement l'histoire de la *Pondération des Partis* !

Mr Disraeli prit sa revanche d'un seul coup, en
mars 1873 ; mais il la prit impitoyable.

Le ministère libéral venait de succomber virtuel-
lement sous un échec parlementaire irréparable. Le

vaincu de tant de combats passés était, enfin, devenu, à son tour, l'arbitre de la situation.

Dans cette bonne fortune, bien nouvelle pour lui malgré ses apparitions antérieures aux affaires, il refusa d'accepter la tâche de former un nouveau cabinet jusqu'à ce qu'il eût vu l'agonie de son adversaire se terminer, de longs mois plus tard, sous un verdict écrasant du corps électoral.

Mr Gladstone avait quitté le Conseil bien des fois déjà dans sa vie; mais jamais encore, il ne s'en était retiré aussi meurtri qu'il le fut cette fois-là.

Il s'en retirait humilié par le côté qui devait lui être le plus sensible : son expérience avait été tournée en risée, et le peuple anglais s'était refusé, presque unanimement, à partager l'illusion qu'il s'était faite sur la portée d'un mariage qui était son œuvre et qui venait d'unir un prince anglais à la fille du Czar.

Il eut été si consolant, à tous égards, d'avoir trouvé là le dénouement pacifique des difficultés pendantes entre l'Angleterre et la Russie, qu'on ne peut se sentir sans indulgence pour l'erreur naïve qui en avait pris un moment le désir pour la réalité !

Oui, — pour un moment, — Mr Gladstone s'était senti l'orgueil d'avoir fait un coup de maître — Autant en avait ressenti M. Guizot après la conclusion des mariages espagnols ; — mais ce ne fut qu'un rêve court. Les esprits non prévenus devinèrent tout de suite l'insignifiance diplomatique de cet événement de famille ; tout le monde se répéta que la politique fondée sur les unions matrimoniales des princes était morte et enterrée, depuis longtemps, dans les États civilisés, et que c'était un pur anachronisme que d'y faire le moindre fondement de nos jours.

La galanterie nationale qui accueillit la Duchesse d'Édimbourg, à son arrivée dans la Grande-Bretagne, était un tribut payé à sa grâce et à sa jeunesse ; mais elle ne couvrait rien de plus solide qui fût de nature à raffermir l'influence chancelante de Mr Gladstone.

La chute du trop conciliant ministre était donc devenue inévitable. Elle l'était devenue par cette raison, avant toute autre, qu'il s'était laissé prendre pour dupe de l'hypocrisie savante de la Russie ; et il semble extraordinaire, à vrai dire, qu'après le coup de décision brutale du Prince Gortshakoff et l'humiliant traité de Londres qui en fut la suite, en 1871, cette dernière puissance eût pu encore retrouver quelque succès à en revenir à des grâces félines pour parcourir une nouvelle étape de sa route vers Constantinople, sous un couvert de caresses.

Toutefois, si la chance lui en avait été offerte avec Mr Gladstone, il n'en était plus de même avec Mr Disraeli. Entre orientaux l'astuce ne s'épargne pas, et le politique de souche israélite avait assez de finesse pour amener le joueur opposé à tomber dans son propre piège. C'est à quoi il réussit, en effet, en feignant de continuer la méprise de son prédécesseur.

On sait avec quelle sûreté de coup d'œil il reconnut ensuite le moment précis où il devait démasquer ses batteries.

C'était jouer, tout à la fois, avec une science et une circonspection admirables ; et pourtant, certains trembleurs qui sont à bord du vaisseau britannique trouveraient encore mieux de leur goût aujourd'hui que le gouvernail fût entre les mains de Mr Gladstone qu'entre celles de Lord Beaconsfield.

Pourquoi ? — C'est que le premier a constamment aux lèvres le mot de prudence et que cela rassure toujours un peu les plus timides ; mais c'est cependant le second qui, « dans un moment de péril » inaccoutumé, a su faire rentrer ce vaisseau dans « le port sans avarie ; c'est bien lui qui a eu l'inspi- » ration précieuse d'appeler 7,000 hommes des » Indes au lendemain du traité de San-Stéfano, et » de produire ainsi l'effet que 70,000 hommes » d'autres troupes n'eussent pu donner. »

Après avoir énoncé cette remarque que j'emprunte à un discours de l'honorable Colonel Sir Garel Hogg, l'orateur ajoute que c'est ce ministre qu'on qualifie encore dans quelques coins de « hasardeux, » — *venturesome*, — mais qui fait preuve, en réalité, de tant de prévoyance, de tant de sagacité, c'est lui qui a relevé la considération de son pays « à un niveau qui n'a jamais été plus haut depuis les jours de Waterloo. »

Hasardeux, soit ! l'humeur hasardeuse n'est-elle pas préférable, en somme, à la pusillanimité qui conduisit une fois les anglais à avaler la « pilule amère » de l'arbitrage de Genève et, une autre fois, à subir « l'affront indélébile » du traité de la Mer Noire, dans un moment où la France ne pouvait plus les assister !

Hasardeux !.. Lord Beaconsfield, — qui se ment, — l'est, à coup sûr, par rapport à Mr Gladstone qui ne se mouvait pas, qui ne voulait pas se mouvoir et qui, — dans son attendrissement béat pour la sainte Russie et le Bulgare évangélique, — eût entendu qu'on laissât *tout faire* et *tout passer* : Mais, étant donné que l'Angleterre n'en fût point encore arrivée à l'abnégation qu'on réclamait d'elle, pouvait-il y avoir une conduite plus mûrement pesée, calculée avec plus de soin que celle dont ne s'est point départi l'énergique négociateur du traité anglo-turc de l'été dernier ?

Souhaitant la paix, il a préparé la guerre, conformément à l'adage latin ; seulement, il l'a préparée avec tant d'entrain, « de si bon cœur, » qu'il ne pouvait manquer de convaincre la Russie de la sincérité de ses dispositions. En un mot, il a fait le contraire de ce qu'avait fait, à la veille de la campagne de Crimée, Mr Gladstone dont Lord Palmerston, plus tard, avait coutume de dire : — « C'est le chancelier de l'Échiquier qui, par sa contenance incertaine, perplexe, ambiguë, a encouragé l'Empereur Nicolas à nous faire la guerre. »

Ainsi, les deux rivaux ont prouvé qu'ils avaient tous les deux également médité l'adage que je rappelais tout à l'heure, mais chacun pour l'appliquer dans un sens opposé ; car, le lot de Mr Gladstone avait été de provoquer la guerre à force de préparer la paix.

Eh ! vraiment, d'ailleurs, ce n'est pas la politique contemporaine, — ni celle de Lord Beaconsfield, ni celle de Mr Gladstone, — qui a amoncelé les nuages qui planent au-dessus de l'Angleterre. Ils sont l'héritage d'un passé de violence et de rapacité que le cours de quelques générations ne pourrait suffire à faire oublier.

Le ressentiment qu'il a laissé parmi les descendants de ses victimes a eu, en 1857, son explosion la plus mémorable : — rien ne dit que ce soit la dernière, ni, peut-être, la plus terrible !

L'Inde a une population formée de deux éléments distincts : l'Hindou et le Mahométan, comme elle compte en tête de sa faune deux espèces dominatrices : l'éléphant et le tigre. L'éléphant, que son intelligence et sa masse eussent pu rendre invincible, supporte la servitude par débonnaireté, et ne s'abandonne que passagèrement à des excès de fureur aveugle. Le tigre, fût-il enchaîné, n'a jamais épuisé sa provision de rage froide et avisée contre celui qui le retient captif ; il guette incessammen l'heure de reprendre sur lui une revanche sanglante après avoir brisé ses liens.

L'Angleterre est venue à bout de l'éléphant en 1857 ; il n'est point du tout démontré qu'elle ne soit pas déchirée par le tigre, un jour ou l'autre ; mais l'esprit, prétendu hasardeux, de lord Beaconsfield n'ajoutera rien aux risques qu'elle court de ce côté ; tandis que l'irrésolution de Mr Gladstone, érigée en système, n'eut pu qu'ajouter à l'impatience du carnassier de s'élancer sur une proie à demi vaincue déjà par la peur.

Plus j'avance dans la comparaison des deux hommes illustres dont j'ai entrepris le parallèle et plus je comprends qu'il soit à propos de me souvenir de ce précepte de la sagesse antique : *De tantis viris modestè pronunciandum est.*

Si je me hasardais à déterminer la prééminence de l'un sur l'autre, je voudrais que ce fût par une méthode expérimentale qui me laissât, en quelque sorte, irresponsable du jugement que j'aurais à porter.

Cette méthode, je crois l'avoir trouvée en les comparant, l'un après l'autre, à un troisième homme d'État dont il n'est personne, — ami ou ennemi, — qui ne soit obligé de reconnaître l'importance, sinon la grandeur, dans les affaires de notre temps : je veux parler du prince de Bismark.

Justement, l'un et l'autre ont eu leur heure délicate de rapports avec le remuant chancelier. — On se rappelle celle de Mr Gladstone, lorsqu'après avoir

fait les plus grands efforts pour désintéresser le
sentiment public du terrible conflit de 1870, —
laissant ainsi au vainqueur de Sedan une plus
grande liberté pour achever l'humiliation de la
France, — il eut, en retour, à réclamer de sa con-
descendance le passage de M. Jules Favre à travers
les lignes prussiennes pour permettre à ce dernier
de prendre part aux conférences de Londres. Celle
de lord Beaconsfield sonna lorsqu'après la série de
victoires qui avaient amené les armées du Czar sur
les collines qui enferment Constantinople, il n'avait
plus d'autre chance d'arrêter leur marche triom-
phale que de décider le chef du cabinet allemand à
faire entendre sa voix dans le débat, — encore
qu'une intervention officieuse de ce genre dût être
généralement jugée opposée à la politique d'un
empire dont l'allié naturel le plus intime est la
Russie.

Eh ! bien, on sait ce qu'il est arrivé dans le premier et dans le second cas : Mr Gladstone a échoué
platement et lord Beaconsfield a réussi aux applau-
dissements de l'Europe. Le Sphinx germain qui
avait étendu à ses pieds le *leader* du parti libéral, a
été, à son tour, aplati par le premier ministre actuel
de la Reine.

La mesure s'établit donc d'elle-même entre les
trois individualités. Le prince de Bismark, terras-
sant et terrassé, tient, pour cette double cause, le
milieu du trio ; dès lors, il n'est plus malaisé de

distinguer entre les deux autres quel est le plus grand du plus petit.

Aujourd'hui septuagénaire, parvenu à l'un des faîtes les plus élevés où puisse tendre l'ambition humaine, quelles doivent être les pensées de lord Beaconsfield lorsque, d'une des fenêtres de son château de Hughenden, High Wycombe, il tourne ses regards dans la direction des hustings de Wycombe où sa candidature échoua pitoyablement pour la première fois, en 1832? Revoit-il en souvenir ses patrons d'alors, si durs envers lui après chacun des écarts de son humeur indépendante? Revoit-il cette cruelle séance de son entrée dans la vie parlementaire où il prononça son *maiden speech*, « commençant en fusée et finissant en baguettes, » comme M. *Punch* s'avisa de le décrire alors? Repasse-t-il par les impressions secrètes d'un silence de quatre années qu'il s'imposa à la suite de cet échec? Retrouve-t-il encore dans sa mémoire les hésitations, les étonnements offensants de ces lords qui furent si lents à lui accorder leurs égards après avoir commencé à ne plus pouvoir se passer de ses services?

Que lui disent les grands arbres de son parc, la silhouette majestueuse de sa résidence seigneuriale, les équipages, les messagers, le va-et-vient des gens de tous les rangs qui lui apportent des témoignages innombrables d'enthousiasme et d'obéissance, ou qui emportent ses ordres ou ses encouragements?

Tout cela lui dit : — *Gentleman of the Press*, confiant dans ton cœur et dans ton cerveau, dans l'énergie de tes nerfs qui ne cédaient pas sous les épreuves auxquelles tu les soumettais, bien qu'ils fussent souvent tendus à se rompre, homme de rien, — *What-is-he*, comme l'appelait négligemment lord Grey, — à la fin devenu tout, tu récoltes aujourd'hui le fruit de ta bonne humeur modeste, à profiter des leçons sévères que l'expérience t'a si long-temps envoyées, et de l'opiniâtreté qui est la faculté caractéristique de ta race.

FIN.

SOUS PRESSE :

II. — LE PRINCE GORTSCHAKOFF,

LE GÉNÉRAL IGNATIEFF & LE COMTE SCHOUWALOFF.

www.ingramcontent.com/pod-product-compliance
Lightning Source LLC
LaVergne TN
LVHW021052050726
842519LV00003B/1121